Birgit Primig

Seminare für Menschen
mit Lernbehinderung leiten

Ein Leitfaden für TrainerInnen

_____

Bibliografische Information der Deutschen Nationalbibliothek

Die Deutsche Nationalbibliothek verzeichnet diese Publikation in der Deutschen Nationalbibliografie; detaillierte bibliografische Daten sind im Internet über http://dnb.d-nb.de abrufbar.

Impressum:

© 2010 Birgit Primig.
Kontakt: www.birgit-primig.at

© Coverfoto: Georg Spitzer. Seite 10: Dokumentationsarchiv des österreichischen Widerstandes. Seite 13: Lebenshilfe Österreich.

Herstellung und Verlag:
Books on Demand GmbH, Norderstedt

ISBN: 9-873842-318908

Liebe Leserin, lieber Leser,

vor vielen Jahren stand ich zum ersten Mal vor einer Gruppe von Menschen, die damals noch als „geistig behindert" bezeichnet wurden.

Ich leitete die Öffentlichkeitsarbeit der Lebenshilfe Österreich. Die Personengruppe war mir daher nicht fremd.

Dennoch war ich keineswegs darauf vorbereitet, was mich erwartete.

Mein gesamtes Know-how als diplomierte Trainerin der Erwachsenenbildung war kaum mehr anwendbar.

Ich hatte es nie zuvor mit einer derart inhomogenen Gruppe zu tun, die so unbedingt etwas lernen wollte. Nie zuvor hatte mich ein Teilnehmer aus Freude über einen Erfolg spontan umarmt und in die Luft geworfen. Nie zuvor waren Menschen bei mir in einem Seminar, die so wenig an ihre eigenen Fähigkeiten geglaubt hatten.

Ich wollte mehr davon. Ich habe immer wieder andere und neue Methoden ausprobiert und bin vor keinem Thema zurück geschreckt. Die größte Herausforderung war wohl eine Seminarreihe zur „Deklaration von Madrid": Politik auf höchstem Niveau.

Es sind die ganz speziellen Erfolge, die diese Seminare so einzigartig und großartig machen. An zwei Menschen erinnere ich mich besonders gerne.

Eine junge Frau hat sich scheinbar überhaupt nicht am Seminargeschehen beteiligt. Sie ist unentwegt herum gewandert, immer in meiner Nähe. Ich konnte nichts tun, als sie gewähren zu lassen. Wochen später habe ich von ihr einen Brief bekommen, in dem der Seminarablauf detailliert beschrieben war.

Ein anderes Mal war ein etwas älterer Teilnehmer dabei, den ich absolut nicht verstanden habe. Mir war das unendlich peinlich. Er hat zu einem Blatt Papier gegriffen, aufgeschrieben, was er mir sagen wollte, und das Blatt als Papierflieger durch den Raum zu mir geschickt.

Diese beiden Menschen stehen für mich für viele andere, die mir die Grenzen meiner Kommunikationsfähigkeit immer wieder aufzeigen. Sie sind aber auch Beispiele dafür, dass diese Grenzen durchbrochen werden können.

In diesem Sinn wünsche ich Ihnen spannende Lektüre und viel Erfolg!

Birgit Primig

Inhalt

Zwischen allen Stühlen

Aussagen von Menschen über sich und ihre intellektuelle Behinderung.

„Irgendwie sitze ich zwischen allen Stühlen. Ich bin nicht so richtig behindert, aber normal bin ich auch nicht und das macht es immer schwierig."

(So seh´ ich meine Welt, S. 107)

„Hm. Ich bin behindert. Ich kann nicht vieles. Ich kann nicht vieles. Aber ich sag mal, damit muss ich klarkommen. Und ... ich bin auch normal."

(Normal bin ich nicht behindert!, S. 215)

„Tja, wenn ich das, wenn ich das nur erklären könnte, dann wäre eigentlich alles klar im Kopf."

(Normal bin ich nicht behindert!, S. 219)

Bildungshaus Schloss Goldrain

Wo die Bildung wächst, sollen die Kurse steigen.

Schloss Goldrain bietet den Menschen eine geistige Qualität.

Der Mensch muss manchmal seine Gedankengänge üben und studieren.

Kurse und Seminarhobbys laufen im Schloss Goldrain auf und ab.

Das Beamtenpersonal muss einen geistigen Versuchungsort haben.

Der Vinschgau braucht eine qualifizierte Bevölkerungszuwachsrate.

Die Politiker führen in Schloss Goldrain die Schirm- und Charmeherrschaft.

Kreative Schöpfer bieten den Teilnehmern den Kurswechsel an.

Auch Künstler bieten ihre Qualitäten zum Anbeißen dar.

Imbisse munden zur Bilderpracht.

Wo der Mensch die Schulung übt, entspringen auch die Sinne.

Georg Paulmichl: „Ins Leben gestemmt"

Haymon Verlag, Innsbruck-Wien 1990

Lebenslanges Lernen für alle?

„Lebenslanges Lernen" im Sinne der Selbstver-wirklichung gilt heute längst als Grundbedürfnis - auch für Menschen mit Lern- oder Lernbehinde-rung. Dennoch steht die Erwachsenenbildung für diese Personengruppe erst am Anfang. Die Ursa-che dafür erkennt, wer einen Blick auf die Ge-schichte behinderter Menschen wirft:

- Über Jahrhunderte hielten sich unterschiedli-che Bilder je nach Kultur und Religion: der Narr, der die Leute belustigte; die Wahnsinnige oder von Dämonen Besessene, vor der die Menschen geschützt werden mussten; der Hei-lige, der in einer Gemeinschaft nicht fehlen durfte; die Strafe, die ein Gott den sündigen Eltern auferlegt hatte.
Unterschiedlich war dem zufolge auch der Um-gang mit lernbehinderten Menschen. Sie reich-te von der Ermordung bis hin zur Verehrung.

- Pestalozzi zählte zu den ersten Pädagogen am Ende des 18. Jahrhunderts, die sich für lernbe-hinderte Kinder zu interessieren begannen. 1816 dürfte die erste Schule für „schwach-sinnige Kinder" in Österreich von Gotthard Guggenmoos in Hallein gegründet worden sein. Das erste Lehrbuch zur Behandlung der „Idiotie" wurde 1846 vom Taubstummenlehrer und Arzt Edouard Seguin veröffentlicht.

- Mit Gründung der ersten „Rettungsanstalt für schwachsinnige Kinder" (1838) begann eine Epoche der Anstaltsgründungen. Wesentliche pädagogische Impulse kamen von Johann Jakob Guggenbühl, dessen „Heilanstalt für Kretinen und blödsinnige Kinder" Vorbildwirkung hatte. Einige der damals gegründeten Einrichtungen existieren heute noch.

- In der zweiten Hälfte des 19. Jahrhunderts zogen sich die Mediziner aus den Anstalten zurück, sie wurden nicht mehr „Heilanstalten" genannt. Die Erkenntnis hatte sich durchgesetzt, dass mit pädagogischer Unterstützung mehr erreicht werden konnte als durch medizinische Betreuung.

- Im Jahr 1865 wurde die „Gesellschaft zur Förderung der Schwach- und Blödsinnigenbildung „gegründet. Ihr Ziel war die Errichtung von Sonder- und Hilfsschulen für „schwach befähigte" Kinder in klarer Abgrenzung zu den „eigentlich Blödsinnigen".

- Zeitgleich mit dieser pädagogischen Bewegung wurden erste Schriften veröffentlicht, wie die Volksgesundheit verbessert werden könnte

ṅier trägſt Du mit
Ein Erbkranker koſtet bis zur Erreichung des 60. Lebensjahres im Durchſchnitt 50.000 RM.

NS-Propaganda zur „Vernichtung unwerten Lebens"

und welche Kosten die „Volksentartung„ dem Staat verursachten. Zunächst war die Folge dieser Theorien die Sterilisation von „erb-ungesunden" Menschen.

- Im Jahr 1920 veröffentlichten Karl Bindung und Alfred Hoche den Vorschlag einer Freigabe der Vernichtung lebensunwerten Lebens. Der Nationalsozialmus wurde kompromissloser Vollstrecker dieses längst verbreiteten Sozialdarwinismus. Ab 1939 wurden Tausende von Menschen mit Lernbehinderung im Euthanasieprogramm ermordet.

- In den Nachkriegsjahren waren es vor allem kirchliche Einrichtungen, die die Fürsorge für „Debile" und „Invalide" übernahmen.

- Erst in den 60er Jahren entstanden auf Initiative von Pädagogen die ersten Eltern-Selbsthilfegruppen. Gezielte Förderung begann den Fürsorgegedanken abzulösen. Das beschränkte sich zunächst noch auf Kinder, weil es kaum erwachsene Personen mit Lernbehinderung gab.

- 1978 startete die Aktion „Recht auf Bildung". Mehr als 900 Kinder waren zu diesem Zeitpunkt in Österreich als "schulunfähig" deklariert. Gleichzeitig wurden für die erste Generation der Menschen mit Lernbehinderung im Erwachsenenalter neue Konzepte der Betreuung und Förderung notwendig. Erste Versuche der Erwachsenenbildung wurden unternommen.

- 1992 gründete die Lebenshilfe Österreich das erste Fortbildungsinstitut, das einerseits pädgogische Weiterbildung für MitarbeiterInnen, andererseits Angebote für Menschen mit Lernbehinderung anbieten sollte.

- Mitte der 1990er Jahre begannen eine Begriffdiskussionen. Die „Integration" wurde zur „Inklusion". Die „Anpassung" an eine nicht behinderte Gesellschaft im Sinne der Integration war vorüber. Die Anerkennung als Teil der Gesellschaft im Sinne der Inklusion wurde in

Integration als Anpassung einer abweichenden Form an die Norm.

Inklusion als Gesamtheit unterschiedlicher Einzelteile.

den Vordergrund gestellt. Dies folgt dem Diversity-Ansatz, wonach die Unterschiedlichkeit der Teile einer Gesellschaft ein wichtiges und wertvolles Gut ist und erst ihre Gesamtheit ermöglicht. Ziel ist die „inklusive Gesellschaft".

• Gleichzeitig stand der Begriff der „geistigen Behinderung" im Zentrum von Diskussionen. Erstmals haben betroffene Personen selbst einen Teil zur Diskussion beigetragen. Eine einheitliche Sprachregelung wurde allerdings bis heute nicht gefunden. Die Lebenshilfe Österreich spricht von „Menschen mit intellektueller Behinderung", andere Organisationen von Menschen mit Lernschwierigkeiten. Die SelbstvertreterInnen in Österreich verwenden den Begriff der „Lernbehinderung", weil er ihrem persönlichen Erleben am meisten entspricht.

Heute ist Integration oder Inklusion zum Teil ein Rechtsanspruch. Das Verbot der Diskriminierung aufgrund von Behinderung ist in zahlreichen nationalen und internationalen Rechtsdokumenten verankert.

Auch das Leben von Menschen mit Lernbehinderung hat sich dadurch in manchen Bereichen wesentlich verändert. Sie sind längst keine

„Schützlinge" mehr, um die sich jemand k ü m m e r n muss. Sie sind eine Gruppe von Menschen, die Rechte hat, diese zum Teil kennt und auch durchzusetzen in der Lage ist.

Eine Selbstvertreterin bei einer Pressekonferenz der Lebenshilfe Österreich am Podium.

In Selbstvertretergruppen werden Betriebsrats- oder Ombudsmann-Funktionen gegenüber Trägerorganisationen von Menschen mit Lernbehinderung wahrgenommen. Das Konzept des „Peer Counseling" – Betroffene schulen Betroffene – wird bereits von Menschen mit Lernbehinderung wahrgenommen. An einer pädagogischen Hochschule in Österreich gibt es den ersten Studenten mit Lernbehinderung.

In der Öffentlichkeit ist intellektuelle Behinderung aber längst nicht als Normalität anerkannt. Das Bild von Menschen mit Lernbehinderung, das über Medien verbreitet wird, ist einerseits von Mitleid, andererseits von Heldenverehrung geprägt.

13

Durch die Möglichkeiten der Pränatal– und Präimplantationsdiagnostik entsteht eine neue Bewertung behinderter Menschen als „verhinderbar".

"Empowerment" - die "Befähigung" von Menschen mit Lernbehinderung zur Selbstbestimmung und Selbstvertretung - ist daher doppelt notwendig.

Für die Erwachsenenbildung bedeutet dies einerseits eine neue Herausforderung. Diese ist andererseits eine Erweiterung des Zielpublikums durch die Schaffung von Fortbildungslehrgängen und deren Förderung durch öffentliche Stellen. Erwachsenenbildung für Menschen mit Lernbehinderung ist damit auch wirtschaftlich interessant.

Die Themen sind noch beschränkt auf jene Bereiche, die TrainerInnen mit ursprünglich sozialen Berufen anzubieten in der Lage sind. Die Forderung nach Themenerweiterung wird immer häufiger und immer lauter von mittlerweile sehr selbstbewussten Personen gestellt.

Sichtweisen von Behinderung

Der Stellenwert von Menschen mit Behinderung in einer Gesellschaft bestimmt die Definition von Behinderung. Ist sie „normal" oder doch „außergewöhnlich"? Mehrere Sichtweisen und damit Erklärungsmuster bestehen parallel und bedingen unterschiedliche Wirkungen im gesellschaftlichen Zusammenleben.

- Der **Realismus** geht von einer „Wirklichkeit" aus, die von nicht behinderten Menschen definiert wird. Integrationsbestrebungen bauen vorwiegend auf diesem Konzept auf. Das bedeutet, dass Menschen mit Behinderung durch gezielte Förderung an die Wirklichkeit nichtbehinderter Menschen herangeführt werden.

- Der **Biologismus** (**„Defektologie"**) definiert Personen nach körperlichen Merkmalen und beschreibt Abweichungen von der Norm als Defizite, Schäden oder Mängel. Aus diesem Blickwinkel versucht die biomedizinische Forschung Defizite zu beheben, Schäden zu reparieren und Mängel auszugleichen.
Darin begründet ist auch die Vorstellung vom „Leid", das eine Behinderung verursacht. Sie gipfelte letztlich in der „Befreiung von Leid" in

Form der Euthanasie.

Auch die Möglichkeit, Schwangerschaften bei einer möglichen Behinderung des Kindes bis unmittelbar vor Geburtsbeginn zu beenden, basiert auf diesem Verständnis von Behinderung.

• Die Kombination von Realismus und Biologismus ergibt **Utilitarismus**, der Menschen ausschließlich nach ihrer Nützlichkeit beurteilt. Menschen mit Behinderung sind demgemäß „nutzlos". Die Fähigkeit, einen Beitrag zum gesellschaftlichen Leben zu leisten, wird ihnen völlig abgesprochen. Der australische Philosoph Peter Singer begründet damit seine Idee, behinderte Säuglinge unmittelbar nach ihrer Geburt zu töten.

Nicht beachtet wird dabei auch ein enormer volkswirtschaftlicher Nutzen der Tatsache „Behinderung". Es gibt allerdings bis heute keine Forschung zu diesem Thema. Beispiele für diesen Nutzen: die Menge an Personal in Trägereinrichtungen und der Bedarf an TherapeutInnen; die Umsätze der Hilfsmittelindustrie; die Aufträge an die Bauwirtschaft zur Herstellung von Barrierefreiheit; nicht zuletzt der Bedarf an TrainerInnen, die sich dieser Zielgruppe annehmen.

- Der **Konstruktivismus** meint, dass „Wirklichkeit" nur subjektiv definiert werden kann. Diese Sichtweise wurde bisher vor allem als literarische Form verwendet, hat aber noch wenige Einfluss auf die allgemeine Pädagogik. Sie gewinnt allerdings in der Erwachsenenbildung immer größere Bedeutung in Kommunikations– und Konfliktmanagement-Trainings.

- Unabhängig von diesen philosophischen Zugängen sieht die People-First-Bewegung Menschen als **Gesamtpersönlichkeit.** Sie verlangt, die individuelle Beachtung von Fähigkeiten in den Vordergrund zu rücken. Eine Behinderung und damit verbundene Einschränkungen sind zweitrangig.

- Die Self Advocacy betont das Recht eines jeden Menschen, selbst Experte für sich zu sein. Daraus leitet sich ein **Selbstvertretungsrecht** aller mehr oder weniger behinderten Menschen ab. Das beschränkt sich nicht auf Selbstbestimmung im persönlichen Umfeld, sondern schließt Sitz und Stimme etwa in politischen Gremien mit ein.

- Behinderung als **soziales Modell**: Im Jahr 2004 verabschiedete die Weltgesundheitsorganisation die ICF (Internationale Klassifikation der Funktionsfähigkeit, Behinderung und Gesundheit). Demnach ist eine Behinderung nicht eine Eigenschaft einer Person, sondern zwischen der Person und ihrer Umwelt. In der „UN-Konvention über die Rechte von behinderten Menschen" (2006) ist ebenfalls diese Definition verankert.

In diesem Völkerrechtsdokument hat Behinderung damit den Status eines Menschenrechtsproblems.

Die Konvention verwendet nicht mehr den Begriff „behindertengerecht", sondern „barrierefrei". Auch das ist ein Ausdruck dafür, dass nicht mehr die „Behinderung" im Vordergrund steht, sondern Probleme des Miteinanders im weitesten Sinn.

Die Konvention wurde am 23. Dezember 2010 von der Europäischen Union ratifiziert. Ihre politische Bedeutung ist enorm und verlangt von allen Staaten erheblichen Einsatz, um eine inklusive Gesellschaft zu erreichen.

Plakatkampagne der Lebenshilfe Deutschland: Die Ziele der UN-Konvention sollen unterstützt werden (2010)

Eine spezifische Definition von Lern–

und anderen Behinderungen oder ihren unterschiedlichen Ausprägungen ist aufgrund dieser letzten Entwicklungen kaum mehr notwendig. Lediglich für bestimmte Therapieformen sind medizinische Diagnosen sinnvoll.

Eine einheitliche Definition nach biologistischen Kriterien ist im Hinblick auf die Geschichte auch nicht erwünscht.

Oben: Kampagne von „insieme", einer Vereinigung in der Schweiz. Unten: eine Postkarte der *aktion leben österreich*.

„Normalität" und „Normalisierung"

Normalität definiert sich in unserer Gesellschaft am Durchschnitt, am Mittelmass. Als „normal" wird empfunden, was ständig vorkommt, im Erfahrungsschatz der Mehrheit verankert ist. Abweichungen von der Normalität sind befremdlich, beängstigend.

In Bezug auf Leistungsfähigkeit werden Abweichungen von der Normalität sehr unterschiedlich bewertet. Das Beispiel schulische Leistung von Kindern macht dies deutlich:

OTS0136 5 II 0171 NRK015
20.Jun 01

Bildung/ÖVP/Sir-Karl-Popper-Schule
OTS-PRESSEAUSSENDUNG

Drei Jahre Sir-Karl-Popper-Schule

Wien, (OTS) Seit drei Jahren gibt es die Sir-Karl-Popper-Schule. Der Wiener ÖVP-Obmann Dr. Bernhard Görg und ÖVP-Kultursprecher Dr. Andreas Salcher präsentierten am Mittwoch in einem Pressegespräch eine Evaluierungsstudie von Prof. Ernst Gehmacher. Demnach sind die Ergebnisse bezüglich Intelligenztests in allen Klassen dieser Schule sehr hoch. Das Ziel einer Selektion in der Intelligenzentwicklung weit fortgeschrittener junger Menschen gelinge der Schule immer besser, so Gehmacher.

• Kinder sollen in der Schule nicht durchschnittlich abschneiden, denn in diesem Fall wird Durchschnittlichkeit als „mittelmäßig" abqualifiziert. Förderungsmaßnahmen für „unterdurchschnittliche" schulische Leistungsfähigkeit werden in budgetär schwierigen Zeiten finanziell beschnitten.

- Verlangt wird die überdurchschnittliche Leistung. Für die Errichtung von "Eliteschulen" lassen sich PolitikerInnen bejubeln, öffnen Sponsoren ihre Geldtöpfe.

Hauptleistungsmerkmal ist das Maß der Intelligenz, gemessen am Intelligenzquotienten. Erkenntnisse wie die „emotionale Intelligenz" sind noch zu neu, um sich in der Gesamtbevölkerung durchzusetzen.

Über diese „Bemessungsgrundlagen" (durchschnittlicher Intelligenzquotient und durchschnittliche Leistungsfähigkeit) werden Menschen mit Lernbehinderung definiert. Sie schneiden im gesellschaftlichen Wertesystem dementsprechend schlecht ab.

Die Lebenserfahrung eines Menschen als Teil seiner Intelligenz anzusehen, hat sich bisher nur bei der „Altersweisheit" durchgesetzt. Damit ist sie wieder über dem geforderten Leistungsdurchschnitt.

Eine „normale" Lebenserfahrung wird im günstigsten Fall als Hausverstand akzeptiert. Sie wird jedoch selten als Fähigkeit oder Teil des Erwachsenseins angesehen.

Durch diese Überlegungen lässt sich die landläufige Formulierung erklären, ein Mensch mit Lernbehinderung sei auf dem Stand eines „x-alten Kindes". Dementsprechend werden Menschen mit Lernbehinderung kaum als erwachsene Menschen ernst genommen und respektiert.

Die Pädagogik hat den Begriff der „Normalität" über das Normalisierungsprinzip erobert. Dabei geht es nicht darum, Menschen zu „normalisieren", sondern ihre Situation. Walter Thimm formuliert eine „einfache Normalisierungsformel" so:

> „Das Leben geistig behinderter Menschen ist in allen Phasen so normal wie möglich zu gestalten. Mit anderen Worten: Alle Bemühungen um geistig Behinderte zielen auf die Verwirklichung kulturspezifischer alters- und geschlechtsgemäßer Rollenbeziehungen ab."

> Angewandt auf die Erwachsenenbildung bedeutet Normalisierung, das Angebot von Fortbildungsveranstaltungen orientiert sich an Alter, Interessen und Fähigkeiten der potentiellen Teilnehmenden.

Die Richtlinien der Erwachsenenbildung sind auch für Menschen mit geistiger Behinderung gültig:

- Freiwilligkeit: Die letztendliche Entscheidung

zur Teilnahme an Bildungsangeboten trifft jede/r einzelne für sich selbst.

- Wahlfreiheit unter verschiedenen Angeboten.
- Erwachsenengerechte Lehr- und Lernformen, die die Teilnehmer als ernstzunehmende Personen im Bildungsprozess ansehen.
- Partnerschaftlicher Umgang zwischen allen am Kursgeschehen beteiligten Personen.
- Teilnehmendenorientierung stellt sicher, dass die Bedürfnisse der Lernenden den Bildungsprozess bedingen.
- Praxis- und Sinnbezug der Lehrinhalte auf die Lebenssituation der Teilnehmenden.
- Selbstbestimmung der Teilnehmenden während des Bildungsprozesses.

Für die Erwachsenenbildung für Menschen mit Lernbehinderung gelten auch Normalisierung und Emanzipation als Richtlinien.

Zahlen, Daten, Fakten?

Immer wieder sind Interessenvertretungen und Behindertenverbände mit der Frage nach exakten, detailreichen, möglichst nach Behinderungsarten und/oder Alter gegliederten Zahlen konfrontiert. Die einzig richtige Antwort lautet:

> Niemand weiß genau, wie viele Menschen wo auf der Welt mit welcher Behinderung leben.

Internationale Interessenverbände wehren sich gegen Zählungen nicht nur aus historisch begründeten Ängsten:

- Die ganzheitliche Persönlichkeit darf nicht auf ein willkürliches Merkmal reduziert werden, das als „Abweichung von der Norm" oder als „Defizit" und somit als „schlecht" gilt.

- Die Definition von Behinderung als Problem zwischen Mensch und Umwelt lässt keine Zählung zu.

Dazu kommt das Problem, dass es keine klare Definition des Begriffes im Sinne von Diagnosen gibt. Wer jeweils zur Gruppe der „geistig oder intellektuell behinderten" Menschen gehört, unterscheidet sich auch je nach Kulturkreis. Im USamerikanischen Raum zählt Legasthenie durchaus auch als Form von Behinderung, im europäischen eher nicht.

Weder die Weltgesundheitsorganisation, noch die Vereinten Nationen nennen konkrete Zahlen, nicht einmal Schätzungen. Laut Lebenshilfe Österreich leben in Österreich etwa 85.000 Menschen mit Lernbehinderung. In Deutschland, gemäß deutscher Lebenshilfe, sind es etwa 420.000 Menschen. Das sind allerdings Schätzungen. Wie ungenau sie sind, zeigt das jeweilige Verhältnis zur Gesamtpopulation der beiden Staaten. Demnach dürften es in Österreich nur halb so viele, oder in Deutschland doppelt so viele Menschen sein.

Eine erste Steigerung der Anzahl intellektuell behinderter Menschen wurde deutlich, als sich durch die Tötungsaktion des Dritten Reichs verursachte Generationenlücke zu schließen begann. In den kommenden Jahrzehnten wird eine Steigerung der Gesamtzahl von Menschen mit (intellektueller) Behinderung erwartet:

- Die Überlebenschance von frühgeborenen Kindern rückt in immer frühere Phasen der Schwangerschaft. Damit steigt auch der Anteil von frühgeborenen Kindern mit Behinderung.

- Die durchschnittliche Lebenserwartung von Menschen mit Lernbehinderung steigt aufgrund des medizinischen Fortschritts und der pädagogischen Förderung.

- Unfälle mit schweren Gehirnverletzungen sind nicht mehr unbedingt tödlich, haben aber häufig kongnitive oder Wahrnehmungsprobleme zur Folge.

- Die allgemeine Steigerung der Lebenserwartung bedingt eine Zunahme von altersbedingten Behinderungen. Demenz oder Alzheimer könnten ebenfalls als intellektuelle Behinderung betrachtet werden.

Vorhandenes statistisches Material bezieht sich lediglich auf Teilbereiche und nennt zum Beispiel die BezieherInnen von Pflegegeld, erhöhter Familienbeihilfe oder von Unfallrenten, die Anzahl der von Krankenkassen finanzierten Hilfsmittel, die Zahl der Kinder mit sonderpädagogischem Förderbedarf. Die Statistik Österreich erhebt in einer Mikrozensus-Umfrage, welche Personen sich körperlich eingeschränkt fühlen, die Landesregierungen wissen, wie viele Taggelder für Dienstleistungseinrichtungen ausbezahlt werden, und viele mehr. Alle diese Statistiken geben aber kein klares Bild über Gesamtzahlen.

Auch die Ursachen für Lernbehinderungen sind

überwiegend ungeklärt (Quelle: Weber, Germain: Intellektuelle Behinderung. Grundlagen, klinisch-psychologische Diagnostik und Therapie im Erwachsenenalter. WUV, Wien 1997):

- 30 bis 40 % nicht näher bestimmbar
- etwa 30 % Störungen in der frühen embryonalen Zeit, nicht erblich
- 15 bis 20 % psychosoziale Faktoren (Vernachlässigung)
- etwa 10 % Schwangerschaftskomplikationen
- etwa 5 % frühe Kindheit: virale Erkrankungen, Traumata, Verletzungen
- etwa 5 % erblich bedingt

Unfälle mit Gehirnverletzungen im Jugend– und Erwachsenenalter sind hier noch nicht berücksichtigt.

Die Ausprägung der intellektuellen Behinderung nach Schweregrad:

- ca. 85 % leichte Behinderung
- ca. 10 % mittelgradige Behinderung
- ca. 5 % schwere und schwerste Behinderung

Die in der Öffentlichkeit bekannteste intellektuelle Behinderung "Down Syndrom" zählt zu den leichten, nur in Ausnahmefällen zu den mittelgradigen

Behinderungen. Die Bekanntheit beruht auf der Feststellbarkeit des Down Syndroms durch pränataldiagnostische Untersuchungen während der Schwangerschaft.

Intellektuelle Behinderung ist nicht zu verwechseln mit psychischer Behinderung. Häufig ist sie aber an andere Behinderungsformen gekoppelt.

Diese Zahlen belegen auch in ihrer Ungenauigkeit, dass der Markt für TrainerInnen relativ groß ist. Erwachsenenbildung für Menschen mit Lernbehinderung mag ein Randgruppenthema sein, aber sicher kein Minderheitenprogramm. Wer seine Fähigkeiten im Training erweitert, kann inklusive Seminare anbieten und damit einen noch größeren InteressentInnenkreis ansprechen.

Lernen und Lernfähigkeit

Die Fähigkeiten und Kenntnisse eines Menschen lassen sich trennen in

*   funktionelle Kenntnisse:
    Anwendung von Techniken.
    Das Erlernen von Alltagstechniken beruht vorwiegend auf funktionellem Lernen: üben, üben, üben... All jene Seminare, die zum Beispiel handwerkliche Techniken zum Inhalt haben, können überwiegend auf Trainingslernen aufbauen. Über Transferleistung können einmal erlernte Techniken bei ähnlichen Aufgaben angewandt werden.

*   kognitive Kenntnisse:
    Situationsanalyse, Variantenantizipation und Erfahrungstransfer ergeben Assoziationslernen.
    Kognitive Fähigkeiten anzuwenden, bedeutet:

    ◊   eine Situation/Anforderung in ihre Einzelteile zerlegen,

    ◊   eine Struktur in diesen Einzelteilen erkennen,

    ◊   Struktur und/oder Einzelteile in anderen Situationen wieder erkennen,

◊ Einzelteile zu neuen Strukturen zusammenzufügen,

◊ eigene Erfahrungen damit in Verbindung bringen,

◊ Struktur und/oder Einzelteile durch neue Erfahrungen ergänzen.

- soziale Kenntnisse:

◊ Ausdruck: sich verständlich machen, Wissen, Meinungen, Wünsche äußern

◊ Offenheit: Umgang mit Kritik

◊ Kooperation: Erkennen eigener Handlungsmöglichkeiten und Verantwortungen in Bezug zur Umgebung

◊ Gestaltung: Beziehungsfähigkeit, Einbindung in Gruppen

◊ Identifikation: Balance halten zwischen Engagement und Abgrenzung, Kenntnis der eigenen Möglichkeiten und Grenzen

- emotionale Kenntnisse: Wahrnehmung der eigenen Emotion, Empathie, Umgang mit Emotion

Seminare, die von Teilnehmenden verlangen, eigene Schlüsse zu ziehen oder zu abstrahieren, fordern die kognitiven Fähigkeiten.

Hierin bestehen aber die Einschränkungen von

Menschen mit Lernbehinderung.

Das bedeutet jedoch keineswegs, dass Menschen mit Lernbehinderung nicht denken.

In der Praxis der Erwachsenenbildung für Menschen mit Lernbehinderung bedeutet das:

- das Trainingslernen zu betonen und dadurch die Anwendung von kognitiven Fähigkeiten zu erleichtern. Situationen, die eigene Entscheidungen, logische Schlüsse und ähnliches fordern, werden so oft trainiert, bis sie als „Alltagstechnik" akzeptiert werden können.

- Beispiele etwa für Rollenspiele möglichst nahe am unmittelbaren Leben der Teilnehmenden anzusetzen, um keine zusätzliche Schwelle durch hohe Abstraktion aufzubauen.

- Erfahrungen emotional erlebbar zu machen, um sie möglichst gut zu verankern und den Erfahrungstransfer zu erleichtern.

Gestaltung von Handouts

Texte müssen „leicht lesbar" sein. Inwieweit das auf einen Text zutrifft, können in erster Linie die LeserInnen beurteilen. Es ist von ihren Fähigkeiten abhängig, ob sie den Inhalt eines Textes erfassen können.

Dennoch gibt es objektivierte Methoden, die Lesbarkeit von Texten zu beurteilen. Sie beschäftigen sich ausschließlich mit der Oberflächenstruktur eines Textes, also der Wort– und Satzlängen, die Zeichensetzung, die Anzahl von Fremdwörtern und mehr.

Eine einfache Variante ist der „Fog-Index". Er gibt Auskunft darüber, wie sehr ein Text Informationen „vernebelt". Die Formel lautet:

$$FI = 0,4 \times (sl + lw)$$

FI: Fog Index

Sl: durchschnittliche Satzlänge: Als Satzende gilt ausschließlich ein Punkt, Strichpunkte, Doppelpunkte etc. zählen nicht als Satzende.

Lw: Prozentsatz langer Wörter: Als langes Wort gilt: jedes Wort mit mehr als zwei Silben oder Lautsegmenten; Ausnahmen: Eigennamen, zusammengesetzte Wörter, und alle Wörter, deren dritte Silbe durch Mehrzahl- oder Vergangenheitsbildung entstanden ist.

Das Endergebnis entspricht etwa den Jahren an Schulbildung, die LeserInnen benötigen, um den untersuchten Text zu verstehen.

Texte für Menschen mit Lernbehinderung dürfen keinen sehr hohen Fog-Index haben.

Wer Texte für Menschen mit Lernbehinderung schreibt, steht noch vor zusätzlichen Herausforderungen. Die Information muss auf das absolut Notwendige reduziert werden. Nur auf diese Weise ist leichte Lesbarkeit erreichbar.

Einige Grundregeln:

- Verwendung von Alltagssprache, sowohl bei den Wörtern, als auch bei der Satzbildung.

- Vermeidung von Abstraktionen. Ist ein abstrakter Begriff notwendig, wird er durch ein konkretes Beispiel erklärt.

- Kurze Sätze, in denen jeweils nur ein Gedanke präsentiert wird.

- Positive Sprache: Negatives und Verneinungen können zu Verwirrung führen.

- Aktive Verben: Sie machen einen Text nachvollziehbarer. Die höhere Lebendigkeit erfordert weniger Konzentration.

- Wortwiederholungen sind zwar stilistisch verpönt, vereinfachen aber die Verständlichkeit. Für eine Sache sollte immer nur ein Begriff verwendet werden.

- Direkte Ansprache der LeserInnen stellt einen Bezug her.

- Praktische Beispiele helfen bei der Umsetzung des Textes in die Realität des Alltags.

- Einfache Zeichensetzung. Sie verkürzt den Text und verwirrt nicht.

- Konkrete Texte sind verständlicher als „Möglichkeiten". Konjunktiv, Redewendungen und Metaphern sind häufig sehr abstrakt.

- Umgang mit Zahlen: Je größer, desto abstrakter und unverständlicher sind sie. Ob etwas „286 Jahre her" ist oder „sehr lange", ist oft unwichtig. Entgegen der Korrektur-Regeln des Duden sollten Zahlen als Ziffern angegeben und nicht ausgeschrieben werden.

- Vorsicht vor zweideutigen Anweisungen. „Machen Sie ein Kreuz" kann sowohl das Kreuz auf dem Papier, als auch das Kreuz vor dem Gebet bedeuten.

Bilder und Grafiken

Sie unterstützen die Verständlichkeit. Sie müssen allerdings realistisch sein und die Schlüsselaussagen des Textes verdeutlichen.

Symbole sind eine abstrakte Form der Kommunikation. Sie sollten nur dann eingesetzt werden, wenn ihre Bedeutung tatsächlich allgemein bekannt ist. Andernfalls führen sie zu Verwirrung.

Die optische Gestaltung trägt ebenfalls zur leichten Lesbarkeit bei. Wieder einige Tipps:

- Ein Satz in einer Zeile. Falls das nicht möglich ist, erfolgt die Zeilenschaltung bei Sprechpausen.

- Hohe Kontraste von Schriftfarbe und Papier, niemals Bilder hinter Text.

- Deutliche, relativ große Schrifttypen.

- Vermeidung von Block– und Kursivschrift.

Ein Beispiel aus einem Seminar über Präsentationstechnik.

- Flattersatz anstelle von Blocksatz.

- Keine Silbentrennung am rechten Rand des Textes.

Um eine einfache

Handhabung zu gewährleisten, ist die Ausgabe des Handouts in Ringmappen oder mit Spiralheftung empfehlenswert.

Die Gestaltung der Unterlagen als Arbeitsmaterial für das gesamte Seminar hat sich bewährt. Auf diese Weise lernen die Teilnehmenden das Handout gut kennen und können es später als Erinnerungshilfe verwenden.

Am professionellsten arbeiten jene TrainerInnen, die ihre Handouts von Menschen mit Lernbehinderung auf Verständlichkeit prüfen lassen. Erst nach der Einarbeitung von Korrekturen werden sie tatsächlich in einem Seminar verwendet.

Grundsätze der Didaktik
und Methodik

Die methodische Ablaufplanung eines Seminars muss äußerst flexibel sein. Andernfalls ist es kaum möglich, sich als TrainerIn auf die oft sehr unterschiedlichen Ansprüche der Teilnehmenden einzustellen.

Es gibt zwar mittlerweile etliche „Seminar-Profis" in der Gruppe der intellektuell behinderten Menschen. Für die überwiegende Mehrheit ist aber der Besuch eines Seminars nach wie vor ein Abenteuer.

In der Planung und Durchführung bedeutet dies:

- In der Seminarausschreibung sollten TrainerInnen nicht "anonym" bleiben. Die persönliche Vorstellung muss nachvollziehbar sein. Fachvokabular jedweder Art wie zum Beispiel der Name einer speziellen Ausbildung hat darin nichts verloren.

- Zu Beginn des Seminars muss darauf Rücksicht genommen werden, dass sich einzelne Personen nur schwer in völlig neuen Situationen zurecht finden. Der Phase des Kennenlernens der Umgebung und der anderen Personen muss daher relativ viel Zeit eingeräumt werden.

- Alle Methoden, die Lesen und Schreiben als Grundvoraussetzung haben, sind nur bedingt verwendbar. Sie sind häufig nur dann möglich, wenn Assistenz für die einzelnen Personen gegeben werden kann und ausreichend Zeit zur Verfügung steht.

- Der Aspekt der Visualisierung spielt eine wesentlich höhere Rolle, als dies TrainerInnen aus anderen Seminaren gewohnt sind. Allerdings muss darauf geachtet werden, dass die Visualisierungen nicht zu abstrakt sind.

- Bestimmte Abläufe des Seminars können durch den Einsatz von Methoden "ritualisiert" werden. Als Beispiel: Immer, wenn die Meinung der Teilnehmenden gefragt ist, wird ein Ball als Symbol in die Mitte des Raumes gelegt.

- Beim Einsatz von Übungen und Spielen werden häufig Spielgeschichten als Einleitung verwendet. Bei Menschen mit Lernbehinderung dürfen diese Geschichten aber keine Lügenmärchen sein. Die Gefahr ist groß, dass Teilnehmende sie ernst nehmen.

- Die Verwendung von Spielen als Metaebene

für reale Ereignisse ist schwierig, weil dazu ein sehr großes Abstraktionsvermögen und kognitive Fähigkeiten notwendig sind.

- Eine Gruppenbildung, die methodisch unterstützt wird, ist nur dann sinnvoll, wenn sich die Gruppenmitglieder gut kennen. Andernfalls können Kommunikationsprobleme provoziert werden.

- Großfläche Arbeiten wie das Festhalten eines Ergebnisses auf einer Flipchart sind jenen Methoden vorzuziehen, die die Feinmotorik beanspruchen.

- Lernvorgänge sollten durch möglichst viele parallele Sinnesreize unterstützt werden. Bestimmte wichtige Inhalte können zum Beispiel mit bestimmten Bewegungen kombiniert werden, oder die Teilnehmenden werden aufgefordert, Reime aus wichtigen Inhalten zu gestalten.

- Bei Feedback-Runden zeigen Erfahrungen und wissenschaftliche Studien, dass Menschen mit Lernbehinderung zu sehr positiven Äußerungen neigen und mit Kritik extrem zurückhaltend sind. Das ist bei der Bewertung von Aussagen ebenso zu berücksichtigen wie bei der Unterstützung beim Ausfüllen von Feedback-Bögen, wie sie von Veranstaltern oft verlangt werden.

- Bei der Planung der Dauer der einzelnen Seminarsequenzen und der Gesamtdauer des Seminars muss ein geringeres Konzentrations– und Durchhaltevermögen berücksichtigt werden. Häufig haben Teilnehmende nicht gelernt, Pausen zur eigenen Entspannung zu nutzen. Es ist daher vielfach notwendig, die Pausen ebenfalls aktiv zu gestalten und Entspannungsmöglichkeiten anzubieten.

Einbeziehung von Assistenz

Immer häufiger kommen Lern-AssistentInnen zum Einsatz. Die Teilnehmenden sollen grundsätzlich selbst entscheiden können, ob sie Assistenz in Anspruch nehmen wollen. Die Rolle der/ des Assistenten muss allerdings vorab genau geklärt werden.

- Assistenz bedeutet nicht Co-Training, hat daher weder inhaltliche noch methodische Kompetenzen.

- Ihre Aufgabe ist es, die Inhalte des Seminars zusätzlich abgestimmt auf die Bedürfnisse einer bestimmten Person zu erläutern oder bei der Durchführung von Aufgaben zu helfen.

- Assistenz kann bei Kommunikationsproblemen als Dolmetsch dienen.

Als AssistentIn kommen selbstverständlich auch andere Teilnehmende in Frage. Die/der TeilnehmerIn kann mit seiner/m AssistentIn ein Signal vereinbaren, das Unterstützungsbedarf anzeigt.

Diese Möglichkeit bietet einige Vorteile:

- der/die AssistentIn lernt mit.

- Den zum Zeitpunkt einer Einzelübung inaktiven Teilnehmenden wird weniger schnell langweilig, die Konzentrationsfähigkeit wird erhöht.

- Der/dem übenden TeilnehmerIn wird zusätzliche Sicherheit vermittelt.

- Assistenz kann den Lernerfolg eines Seminars maßgeblich erhöhen.

Der Beginn eines Seminars

Für Menschen mit Lernbehinderung ist noch längst nicht selbstverständlich, Fortbildungsangebote in Anspruch zu nehmen. Sie haben keinerlei „Seminarroutine".

Immer noch ist eine Vielzahl von Teilnehmenden beim ersten Besuch eines Seminars auch erstmals weg von zu Hause. Sie sind damit nicht nur in einer völlig ungewohnten Situation, sondern auch in einer völlig fremden Umgebung.

Dementsprechend aufregend und/oder beängstigend ist es, erstmals ein Seminar zu besuchen.

Die Vorstellung der Trainerin, des Trainers

Die erste Begegnung mit einer/m TrainerIn ist oft geprägt von großer Skepsis und Unsicherheit. Es ist notwendig, allen einzelnen Teilnehmenden schon bei der Begrüßung zu signalisieren, dass sie/er willkommen ist.

Je persönlicher die erste Begrüßung ausfällt, desto schneller lassen sich Hemmschwellen beseitigen.

Die Erfahrung zeigt, dass die Teilnehmenden kaum jemals die inhaltliche Kompetenz von TrainerInnen anzweifeln. Wesentlich interessanter ist meist das Privatleben: Alter, Wohnort, Familienstand, ... All das wird relativ bald gefragt werden. In die Planung eines Seminars kann das bereits mit einbezogen werden.

Beispiel eines Vorstellungsplakates

Fotos oder Zeichnungen der eigenen Familie, der Haustiere, des Hauses - vielleicht sogar auf einem Plakat - beantworten diese Fragen gleich zu Beginn und lenken die Teilnehmenden später nicht mehr ab. Auch die Hobbys des/r TrainerIn werden sehr bald thematisiert.

Gleichzeitig besteht oft ein sehr großes Mitteilungsbedürfnis der Teilnehmenden über die eigene Lebenssituation.

Sicherheit vermitteln

Die Teilnehmenden benötigen zu Beginn alle Informationen

- zur Befriedigung der eigenen Grundbedürfnisse

- und zum Ablauf des Seminars.

Ist den Teilnehmenden der Seminarort fremd, genügt eine abstrakte Erklärung der Anlage oder ein Lageplan meist nicht. Erst bei einer gemeinsamen Besichtigung wird geklärt, wo sich die Toiletten befinden, welcher Weg in den Speisesaal führt und wo der Getränkeautomat steht.

Zum Ablauf des Seminars gehören sowohl der Inhalt als auch die Zeitenabfolge. Da zu diesem Zeitpunkt die Lese– und Schreibfähigkeiten der Teilnehmenden meist unklar sind, ist eine visuelle Darstellung dieser Abläufe und eine verbale Er-

Beispiel links: Tagesablauf eines Seminars.
Beispiel rechts: Wochenablauf eines Seminars.

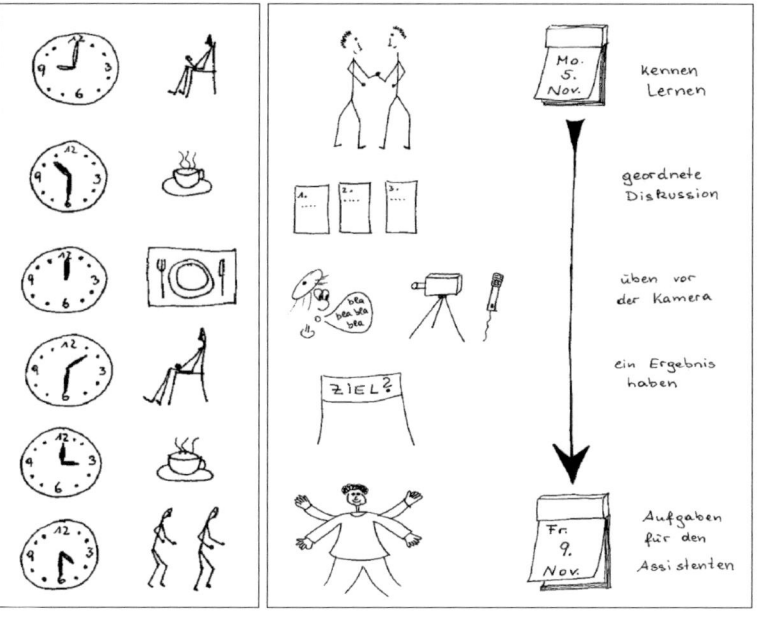

läuterung notwendig. Das gibt den Teilnehmenden die Sicherheit vor Überraschungen oder Überforderung.

Wie mit vereinbarten Zeitpunkten umgegangen wird, muss zu Beginn eines Seminars geklärt werden. Pünktlichkeit ist wie in jedem Seminar nicht selbstverständlich.

Gegenseitiges Kennen lernen

Es ist sinnvoll, diesem Teil des Seminars sehr viel Zeit zu widmen:

TrainerInnen haben die Möglichkeit, die Fähigkeiten der Teilnehmenden einzuschätzen.

Auch die Teilnehmenden unter einander klären diese Fähigkeiten. Wer „mehr" oder „weniger behindert" ist, spielt in der Gruppendynamik häufig eine große Rolle. Eine Klärung zu Beginn verhindert Spannungen, Skepsis und Misstrauen zu einem späteren Zeitpunkt.

„Mein Symbol"

Material: Pinnkarten, Eddings

Alle Teilnehmenden erhalten eine große runde oder achteckige Pinnkarte und einen dicken Filzstift (Edding mit Rundspitze).

Sie werden aufgefordert, irgendetwas zu zeichnen, dass zu ihr/ihm passt.

Achtung: Um genauere Erklärungen zu geben, dürfen keine konkreten Beispiele genannt werden, weil die Gefahr besteht, dass genau diese Beispiele im Anschluss gezeichnet werden.

Auch der Begriff „Symbol" wird vermieden, weil er zu abstrakt ist.

Folgende Erklärungen sind möglich: „Wer ein fröhlicher Mensch ist, kann etwas Fröhliches zeichnen. Wer ein ganz bestimmtes Hobby hat, kann das zeichnen. Wer irgendetwas schon immer einmal tun wollte, kann auch das zeichnen. Sie müssen selbst entscheiden, was zu Ihnen passt."

Zeitvorgabe: 10 Minuten

Beispiele aus einem Seminar

Im Anschluss werden die Karten mit einer Sicherheitsnadel an der Kleidung befestigt oder mit einer Schnur um den Hals gehängt.

Die Teilnehmenden wandern im Seminarraum umher, betrachten die Zeichnungen der anderen, suchen eine besonders schöne Zeichnung aus und fragen die/den ZeichnerIn, was sie bedeutet.

Alle Teilnehmenden präsentieren ihre Karte und erklären die Zeichnung.

Achtung: Verwenden Sie möglichst robuste und wasserlösliche Stifte, um die Handhabung für Teilnehmende mit geringerer Feinmotorik zu erleichtern und die einfache Reinigung von Kleidung und Händen zu ermöglichen.

„Wir sind schüchtern!"

Material: keines

Alle Teilnehmenden werden aufgefordert, im Raum spazieren zu gehen und den Anweisungen der/s TrainerIn zu folgen:

„Wir sind alle entsetzlich schüchtern! Wir schauen beim Herumgehen ganz fest auf den Boden, damit wir ja niemanden ansehen müssen und uns niemand ansehen kann!

Wir sind ja doch ein bisschen neugierig. Wir trauen uns jetzt schon, die Schuhe von allen anderen anzuschauen.

Die Schuhe kennen wir jetzt. Das macht

uns natürlich neugierig darauf, welche Beine in diesen Schuhen stecken. Wir lassen unseren Blick ein wenig höher wandern und schauen uns die Beine genau an: die Waden, die Knie, die Oberschenkel, ..."

Die TrainerIn führt den Blick immer höher hinauf, bis sich die Teilnehmenden in die Augen schauen können.

Zum Abschluss begrüßt jede/r jede/n mit einem Händeschütteln und einem freundlichen „Hallo!"

„Der neugierige Bär"

Material: Teddybär oder anderes Plüschtier

Einleitung für die Teilnehmenden:

„Manchmal ist es schwierig, fremden Menschen eine Frage zu stellen, obwohl wir eigentlich ganz viele Fragen haben. Schupfi Schupfbär kennt dieses Problem nicht. Er traut sich einfach alles fragen."

Ablauf: Ein/e TeilnehmerIn bekommt den Bären. Sie/er sucht sich jemanden aus, dem sie/er eine Frage stellen will. Sie/er stellt die Frage und tut dabei so, als ob die Frage vom Bären gestellt wird. Dann wird der Bär zu derjenigen Person geworfen, die die Frage beantworten soll.

Wer eine Frage beantwortet, stellt die nächste

Frage so, als ob der Bär sie stellen würde.

Achtung: Das Plüschtier darf den (erwachsenen) Teilnehmenden nicht als Spielzeug präsentiert werden. Es ist vielmehr ein „Co-Trainer", der es gehemmteren Teilnehmenden ermöglichen soll, jemanden für sich sprechen zu lassen.

„Die höfliche Ente"

Material: keines

Einleitung für die Teilnehmenden:

„Kennen Sie das Märchen von den höflichen Enten? Es war einmal eine Ente, die hatte das Entengeschnatter satt. Dauernd schnatterten alle Enten durcheinander und keine Ente hat eine andere verstanden.

Die Ente wollte das ändern und schlug den anderen Enten eine neue Höflichkeit vor. Jedes Mal, wenn zwei Enten aufeinander trafen, sollten sie sich höflich begrüßen und fragen, wie es ihnen denn so geht.

Die Enten haben das natürlich gleich ausprobiert. Und wir machen es jetzt, wie damals die Enten."

Ablauf: Die Teilnehmenden stehen im Kreis mit dem Blick nach außen. Eine Person wird als

Startperson ausgewählt. Sie „watschelt" rund um den Kreis, sucht sich eine anderen „Ente" aus und begrüßt sie nach einem bestimmten Ritual: „Guten Tag, mein Name ist…, wie geht es Ihnen?" - „Guten Tag, mein Name ist…, mir geht es gut. Und ihnen? „Danke, auch gut." Dann müssen die beiden „Enten" in entgegen gesetzte Richtungen rund um den Kreis watscheln und dabei versuchen, den leeren Platz als erste zu erreichen. Wer übrigbleibt, begrüßt die nächste Ente.

Kennen lernen mit inhaltlichem Einstieg

Wenn die Zeit für intensive Kennenlernspiele nicht ausreicht oder in einem Workshop zu einem bestimmten Thema Ergebnisse erarbeitet werden sollen, kann das Kennen lernen bereits inhaltlich passend gestaltet werden.

„Themen-Zeichnungen"

Eine bewährte Methode ist es, Zeichnungen mit den eigenen Gedanken zum Thema gestalten zu lassen. Zeichnen hat einige Vorteile gegenüber schreiben oder sprechen:

- Es hilft, Gedanken zu ordnen, weil sie dargestellt werden müssen.
- Es macht die Gedanken aller gleichermaßen

sichtbar und zeigt unterschiedliche Zugänge zur Thematik auf.

- Es fällt manchen Teilnehmenden leichter, etwas zu zeichnen als zu Beginn eines Seminars / Workshops vor fremden Menschen sprechen zu müssen.

Beispiele aus einem Seminar zum Thema „Freundschaft, Liebe, Partnerschaft ". Die Teilnehmenden wurden aufgefordert, ein Herz zu zeichnen. Darum herum und hinein sollten ihre eigenen Gedanken gezeichnet und/oder geschrieben werden.

„Forschungsarbeit"

Die Teilnehmenden werden aufgefordert, Partnerinterviews durchzuführen. Sie sollen dabei herausfinden, welche unterschiedlichen Meinungen sie haben und wo sie derselben Meinung sind. Die Unterschiede und Gemeinsamkeiten werden der gesamten Gruppe präsentiert.

Manchen Gruppen hilft es, dabei einige Fragen

vorzugeben. Es ist den Teilnehmenden freigestellt, sich Notizen zu machen.

Für die Verwertung der Ergebnisse gibt es mehrere Möglichkeiten:

- Die Teilnehmenden stellen sich im Anschluss gegenseitig vor.

- Sie präsentieren das Ergebnis gemeinsam. Erst die Unterschiede, dann die Gemeinsamkeiten.

- Bei vorgegebenen Fragen können alle Teilnehmenden, die etwas gemeinsam haben, an einen gemeinsamen Platz im Raum gehen.

Die Ergebnisse der Präsentationen werden von der/dem TrainerIn auf einer Flipchart festgehalten.

Alternativ kann die Aufgabe auch lauten, jene drei Fragen zum Thema zu formulieren, die die einzelnen Teilnehmenden immer schon stellen wollten.

Gleichgesinnte suchen

Die Teilnehmenden werden aufgefordert, in einer beliebigen Reihenfolge eine Meinung zu äußern. Wer auch dieser Meinung ist, darf laut jubeln.

Achtung: Die Anforderung dieser Übung ist relativ hoch. Sie kann problematisch sein, wenn mehrere der Teilnehmenden sprachliche Probleme haben. Sie kann aber gleichzeitig zu Beginn eines Seminars für eine tolle Stimmung sorgen.

Notwendige Auflockerung

So genannten Auflockerungsspielen kommt in Seminaren für Menschen mit Lernbehinderung eine größere Rolle als üblich zu:

- Die Konzentrationsphasen der Teilnehmenden sind mitunter relativ kurz. Methodischer Wechsel hilft, die Konzentration aufrecht zu halten. Die Planung von Auflockerungsspielen ermöglicht es, Spannungsbögen zwischen hoher Konzentration und Entspannung herzustellen. Viele Spiele sind mit Bewegung verbunden, die ebenfalls die Konzentrationsfähigkeit positiv beeinflusst.

- Die Teilnehmenden lernen einander durch Spiele besser kennen. Der gemeinsame Spaß trägt zu einem größeren Gruppenzusammenhalt und dadurch zu besseren Lernergebnissen bei. Es wird eine Gruppenidentität geschaffen.

Jedes Spiel muss den Fähigkeiten der Teilnehmenden entsprechen oder gegebenenfalls angepasst werden. Solange die Teilnehmenden nicht in Einzelwettbewerb treten müssen, sind die körperlichen Fähigkeiten häufig zweitrangig. Kooperative Spiele sind vorzuziehen.

Bei vielen Spielen ist es sinnvoll, nach der Erklä-

rung der Spielregeln und des Ablaufs eine Probe-
runde durchzuführen.

Mit Spielen kann auch das Selbstbewusstsein
von Teilnehmenden gestärkt werden. Jeder Erfolg
wird durch Applaus bestätigt. Das Spiel „mentales
Training" (siehe unten) kann als Bestätigung für
Lernschritte eingesetzt werden.

„Mentales Training"

Material: keines

Einleitung für die Teilnehmenden:

> Den Teilnehmenden wird zunächst geschil-
> dert, wie sich Spitzensportler über
> „mentales Training" immer wieder selbst
> klar machen, zu welchen Leistungen sie
> fähig sind. Diese Form des Trainings findet
> auch in Gruppen statt.

Ablauf: Die Teilnehmenden stehen in einem en-
gen Kreis mit der/dem TrainerIn. Alle strecken
eine Hand in die Mitte, der Daumen zeigt nach
oben. Die/der Trainerin schreit drei Mal: „Wie sind
wir?", die Gruppe antwortet jedes Mal so laut wie
möglich: „Gut sind wir!". Nach dem dritten Mal
brüllen alle gemeinsam: „Wow, sind wir gut!" und
reißen dabei die Hände nach oben.

„Moskitoflug"

Material: Stoppuhr

Ablauf: Die Teilnehmenden stehen im Kreis. Wie beim bekannten Spiel „Stille Post" wird ein Geräusch von einer/m TeilnehmerIn zur/m nächsten weitergegeben. Das Geräusch ist in diesem Fall das Summen eines Moskitos. Die Zeit wird gemessen, die ein Moskito benötigt, um einmal im Kreis zu fliegen.

Varianten:

Es werden zwei Kreise gebildet und die Moskitos fliegen um die Wette.

Die/der TrainerIn oder ein/e TeilnehmerIn ist Moskitojäger und muss versuchen, den Kreis außen schneller zu umrunden als innen das Moskito fliegt.

Das Moskito kann gegen andere Tiere ausgetauscht werden, die andere Geräusche machen. Dadurch können Wettbewerbe zwischen unterschiedlichen Tieren veranstaltet werden.

„Schlangengrube"

Material: eine Augenbinde

Die Rollen der Teilnehmenden: ein „Gefangener", alle anderen sind „Schlangen".

Ablauf: Alle Teilnehmenden stehen im Kreis. Eine Gefangene oder ein Gefangener wird gewählt, der sich „freiwillig in die Schlangengrube" begibt. Das bedeutet: Sie/er betritt die Mitte des Kreises, die Augen werden verbunden.

Die Schlangen bilden in ihrem Kreis eine Lücke. Die/der Gefangene in der Mitte muss nun versuchen, den Ausgang aus der Schlangengrube zu finden. Wenn sie/er sich einer Schlange nähert, wird sie/er durch Zischen der Schlange gewarnt. Wenn kein Warnzeichen kommt, steht die/der Gefangene vor dem Ausgang der Schlangengrube und kann flüchten.

Für die/den Gefangene/n ist es verboten, den Kreis innen entlang zu gehen, sondern bei jedem Zischen muss die Richtung komplett geändert werden.

Achtung: Die Freiwilligkeit für die Rolle des Gefangenen ist besonders wichtig. Es kommt immer wieder vor, dass sich Personen mit verbundenen Augen ängstigen.

„Fensterputzer"

Material: keines

Einleitung für die Teilnehmenden:

„In New York ist Fensterputzer ein ganz

wichtiger Beruf. Sie arbeiten in einem eigenen Aufzug, der außen an den Hochhäusern auf und ab fährt. Wenn die Sonne scheint, spiegeln alle Glasscheiben, weil sie so blank geputzt sind."

Ablauf: Die Teilnehmenden gehen paarweise zusammen. Eine Person ist Fensterputzer, die andere ist das Spiegelbild. Der Fensterputzer putzt nun die imaginäre Glasscheibe, das Spiegelbild muss alle Bewegungen mitmachen. Da aber eine Glasscheibe dazwischen ist, dürfen sie sich nicht berühren, sondern halten die Handflächen ganz dicht vor einander.

Nächste Stufe: Der Fensterputzer merkt, dass sein Spiegelbild schön ist. Er beginnt, alle möglichen Bewegungen vor dem Fenster zu machen, sein Spiegelbild macht alles mit.

Nach einer bestimmten Zeit ist ein Rollenwechsel, eventuell sogar ein Partnerwechsel möglich.

„Ritter Kunibald"

Material: Flipchartbogen mit Ritter-Gedicht, wobei hinter jedem Zweizeiler ein Symbol steht, kleine Pinnkarten mit den selben Symbolen, Sicherheitsnadeln oder Kleber

Ablauf: allen Teilnehmenden wird eine Pinnkarte

mit einem Symbol am Rücken befestigt. Die Teilnehmenden dürfen nicht miteinander sprechen, sie dürfen sich aber auf jede andere Art helfen. Alle Teilnehmenden müssen herausfinden, welches Symbol sie am Rücken tragen. Die Teilnehmenden sollen sich in der Gedicht-Reihenfolge aufstellen. Wenn alle richtig stehen, wird das Gedicht gemeinsam vorgetragen.

Ritter Kunibald

▲   Es lief der Ritter Kunibald
         ganz tief in einen dichten Wald.

➔   Er fürchtete den Drachen sehr,
         doch seinen Vater noch viel mehr!

○   Am Bach da machte er kurz Pause
         und gönnte sich viel Speck zur Jause.

◘   Dann sprintete er ganz schnell weiter,
         denn hinter sich hörte er Reiter.

✚   Es wurde dunkel, dann ganz finster,
         er stolperte und fiel in Ginster.

✱   Er blieb gleich liegen, wollte schlafen,
         jedoch es stank ganz stark nach Schafen!

◆   Die Schafe wollten ihn vertreiben,
         der Ritter konnte hier nicht bleiben.

☺   Sein Heim! Er ist im Kreis gegangen!
         Auch der Drache hat ihn nicht gefangen.

♥   Der strenge Vater von Kunibald:
         Er sucht ihn noch immer im tiefen Wald.

Trainingslernen

Wenn kognitive Fähigkeiten wenig oder nicht vorhanden sind, müssen Methoden verwenden, die eine Umwandlung von kognitivem in Trainingslernen ermöglichen.

Bei Alltagsfertigkeiten ist Trainingslernen üblich. Die richtige Reihenfolge der Morgentoilette oder das Vorbereiten eines Mittagstisches wird so lange geübt, bis es fehlerfrei erledigt werden kann. Dieses Trainingslernen kann auch auf „kognitive" Fähigkeiten angewandt werden.

Kleinteilung von Lernzielen

Das bedeutet, dass einzelne Lernziele so lange geübt werden, bis sie automatisiert angewandt werden. Dazu ist es notwendig, Lernziele in kleinstmögliche Einheiten zu splitten und ihre Reihenfolge einzuhalten.

Beispiele aus einem „Moderationstraining"

1. Lernziel: Beginn einer Diskussion moderieren

Exakte Vorgabe:

a. Ich heiße ...

b. Unser Thema lautet...

c. Ich möchte zu Beginn von jedem wissen, ...

Durchführung: Alle Teilnehmenden suchen sich selbst ein Thema aus. Die drei Satzanfänge müssen ergänzt werden. Im Anschluss haben alle die Möglichkeit, diese drei Sätze in einer „Gruppendiskussion" auszuprobieren.

2. Lernziel: alle Diskussionsteilnehmenden sollen zu Wort kommen

Exakte Vorgabe: der/die ModeratorIn stellt eine Frage reihum allen einzeln. Ein Gegenstand kann dabei weiter gereicht werden, damit die Einhaltung der Reihenfolge leichter gelingt.

Durchführung: Übung.

Beispiel aus einem Seminar „Wir schreiben für die Zeitung"

Lernziel: Gestaltung eines Leadtextes

Material: A5-Karten mit zwei Spalten. In der linken Spalte sind die Fragen Wer? Was? Wann? Wo? Wie? Eingetragen. Jede/r TeilnehmerIn erhält eine Karte und einen Stift.

Durchführung: Die Teilnehmenden wählen

Mein Thema:

Wer? ....

Was? ....

Wann? ....

Wo? ....

Wie? ....

Mein Text:

ein Thema, über das sie für die Zeitung schreiben wollen. Dieses Thema wird als Überschrift auf den Karten eingetragen. Anschließend werden alle Teilnehmenden aufgefordert, Stichwörter zu den Fragen der linken Spalte in die rechte Spalte zu schreiben. Zum Abschluss werden aus den Stichwörtern Sätze formuliert.

Bestätigung und/oder Korrektur

Nach jeder Übungseinheit wird das Ergebnis allen anderen Teilnehmenden präsentiert, sofern nicht ohnehin alle bei der Übung miteingebunden sind. Jede absolvierte Übung wird mit Applaus bestätigt.

Den anderen Teilnehmenden die Möglichkeit zum Feedback zu geben, bewirkt meist überwiegend positive Mitteilungen. Das kann wiederum gezielt zur Bestätigung oder zur Stärkung des Selbstwertgefühls eingesetzt werden.

Kritik ist problematisch. Viele Menschen mit intellektuellen Behinderungen sind zeitlebens damit konfrontiert, als „zu dumm" eingestuft zu werden. Dieses Gefühl darf niemals vermittelt werden.

Es ist eine Frage der Formulierung, ob Kritik als Ansporn angenommen wird oder als persönliche Kränkung empfunden wird.

Das oberste Gebot: Immer das konkrete Verhalten, niemals die Person beurteilen.

Einige Tipps:

- Positive Aspekte und bisherige Fortschritte zuerst nennen.

- Ich-Formulierungen verwenden: „Ich meine, ich habe gesehen, mir gefällt, ..." Auf diese Weise wird vermieden, dass eine Kritik als „Angriff" erlebt wird: „Du hast etwas falsch gemacht" löst das Bedürfnis aus, sich zu verteidigen. Es ist bei vielen Menschen auch die Bestätigung eines negativen Selbstbildes.

- Kritik sehr konkret formulieren: „Ich denke, diesen speziellen Punkt können wir noch verbessern." Erst damit haben die Teilnehmenden die Chance, ihre Leistung zu verbessern oder ihre Fähigkeiten auszubauen. Das „wir" lässt die Teilnehmenden nicht alleine und signalisiert Unterstützungswillen.

- Hinein versetzen: „Ich weiß, wie schwierig es ist, ganz neue Sachen zu lernen" oder andere passende Sätze schaffen Vertrauen und signalisieren Wertschätzung.

Wenn TrainerInnen Verbesserungsmöglichkeiten vorschlagen, muss es die Möglichkeit geben, diese Verbesserung auch sofort in konkrete Übung umzusetzen.

Immer wieder wiederholen

Um Routine zu erreichen, ist die permanente Wiederholung einer Handlung notwendig. Dasselbe gilt für Informationen.

Die Wiederholung von Information kann auf zwei Arten geschehen:

- durch die/den TrainerIn
- durch die Teilnehmenden

Bei der zweiten Möglichkeit muss berücksichtigt werden, dass jede Form von „Prüfung" als besonders schwierig erlebt und oft mit Scheitern assoziiert wird.

„Gruppenwettbewerb"

Material: Stoppuhr

Vorbereitung: Zu den Inhalten des Seminars werden „Quizfragen" ausgearbeitet.

Ablauf: Die Teilnehmenden versuchen, die Quizfragen so schnell wie möglich gemeinsam richtig zu beantworten. Nicht die Einzelleistung, sondern die Teamleistung zählt. Gegner ist nur die Zeit.

Variante: Die Teilnehmenden werden in Gruppen aufgeteilt. Sie selbst entwickeln Quizfragen für die anderen Gruppen. Ob die Fragen richtig beantwortet wurden, entscheiden alle gemeinsam. Bei dieser Variante wird für TrainerInnen sehr deutlich, welche Informationen tatsächlich verstanden wurden oder welche Handlungen umgesetzt werden können.

Merkverse

Vorbereitung: die wichtigsten Informationen werden in kurze gereimte Verse gebracht.

Der Lernerfolg wird noch erhöht, wenn die Verse auch noch gesungen werden können.

Sehr großer Erfolg kann erzielt werden, wenn ein Lied aus der aktuellen Hitparade umgetextet wird.

Allerdings darf die Anzahl der Merkverse nicht zu hoch sein, da sonst eine Überforderung der Teilnehmenden eintritt.

Der verkehrte Tag

Bei mehrtägigen Seminaren können die Inhalte von Vortagen in umgekehrter Reihenfolge wiederholt werden. Was haben wir am Ende gemacht? Was davor? Und davor?

Zwischenerfolge feiern

Wenn ein Lernziel in Teilschritte gegliedert wurde, kann jeder Erfolg gefeiert werden. Im Anschluss wird die letzte Übung noch einmal unter dem Motto „Wir können es jetzt" wiederholt.

Visualisierung und Anschauungsmaterial

Eine ständige Dokumentation des Seminargeschehens auf Flipcharts bietet zwei Vorteile:

- Die Inhalte des Seminars sind permanent für alle Teilnehmenden sichtbar.

- Für die Teilnehmenden ist die steigende Zahl der Flipchartbögen auch eine Bestätigung für die Fortschritte.

Je mehr Inhalte auch durch Zeichnungen dokumentiert sind, desto einprägsamer sind sie. Die Dokumentation sollte im Raum in der richtigen Reihenfolge des Seminargeschehens stattfinden, um den Teilnehmenden die Orientierung in den Inhalten zu erleichtern.

Auf sehr positives Echo stößt eine Fotodokumentation. Die Fotos werden zwischendurch oder bei mehrtägigen Seminaren am Abend ausgedruckt und ergänzen das Flipchart-Protokoll. Sich selbst zu sehen erhöht den Erinnerungswert.

Auch bei der Präsentation von neuen Inhalten ist Visualisierung eine wichtige Möglichkeit, die Aufnahme der neuen Information zu erleichtern.

Konkretes Anschauungsmaterial ist bei vielen

Themen hilfreich. Ist es nicht möglich, reale Materialien mit zu bringen, kann eine Verknüpfung von Visualisierung und Material helfen. Ein Beispiel aus einem Seminar „Wir gestalten eine Zeitung":

der Blickwinkel-Würfel

Material: großer Würfel aus weißem Karton (Seitenkanten mindestens 12 cm), dicke Eddings

Durchführung: Die Teilnehmenden haben sich bereits darauf geeinigt, eine Schwerpunkt-Zeitung zum Thema „Schuhmode" zu gestalten. Nun geht es darum, möglichst verschiedene Zugänge zu diesem Thema zu finden. In einem Brainstorming wird festgehalten, welche Schuhe es gibt. Diese Schuhe werden auf die einzelnen Seiten des Würfels gezeichnet. Im Anschluss würfeln sich die Teilnehmenden gegenseitig zu. Je nachdem, welche Würfelseite und damit welche Schuhart oben liegt, schildern die Teilnehmenden, was sie persönlich mit so einem Schuh verbinden.

Klassische Methoden angepasst

In einem Seminar für Menschen mit Lernbehinderung können eine Vielzahl klassischer Seminarmethoden verwendet werden. Sie müssen jedoch zum Teil auf die Fähigkeiten der Teilnehmenden angepasst werden.

Brainstorming / -writing / -painting

Das Hauptproblem ist eine mangelnde Lese– und Schreibfähigkeit der Teilnehmenden. Für TrainerInnen ist es daher notwendig:

- sehr gut lesbar zu schreiben,
- im Anschluss alle notierten Punkte einzeln zu besprechen,
- eventuell einzelne Punkte durch Zeichnungen zu ergänzen.

Das klassische Brainwriting hat den Vorteil, dass sich auch stillere Teilnehmende einbringen können. Für die/den TrainerIn wichtig:

- Es muss sowohl schreiben als auch zeichnen erlaubt sein.
- Alle geschriebenen Karten müssen vorgelesen werden.

- Bei einer Clusterung der Karten muss die Bedeutung jeder einzelnen Karte hinterfragt werden.

Reines Brainpainting umgeht das Problem der Schreibfähigkeiten. Es verursacht allerdings neue Verständnisprobleme, weil nicht alle Zeichnungen eindeutig sind. Die Anonymität der Methode muss in diesem Fall aufgehoben werden.

Wesentlich ist eine ganz klare Fragestellung, die über die Karten beantwortet werden soll. TrainerInnen müssen sich bei allen Teilnehmenden einzeln vergewissern, ob die Frage verstanden wurde.

Ein Beispiel aus einem Workshop mit einer Wohngruppe zum Thema „Das nächste Jahr": Das nächste Urlaubsziel sollte ermittelt werden. Die Vorstellung über Ziele waren entsprechend

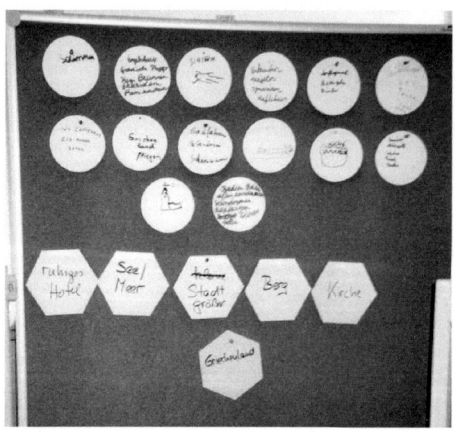

unterschiedlich. Gefragt wurde daher: „Was ich unbedingt im Urlaub machen will." Das Reiseziel wurde nebensächlich, die Befriedigung von Bedürfnissen rückte in den Vordergrund.

Rollenspiele

Die Teilnehmenden sind nur bedingt in der Lage, ein Rollenspiel als Spiel anzusehen. Sehr häufig wird ein Rollenspiel zur unmittelbaren Realität. Die Spielthematik muss an die Lebenswirklichkeit der Teilnehmenden angelehnt sein, um Lernen zu ermöglichen. Dadurch wird es allerdings noch problematischer, zwischen Spiel und Wirklichkeit zu unterscheiden.

Die Teilnehmenden haben dadurch häufig auch keine emotionale Distanz zum Rollenspiel. Vor allem bei Themen mit hohem Konfliktpotential fühlen sie sich rasch auch persönlich angegriffen und sind dementsprechend verletzbar.

Diese Problematik kann zum Teil aufgehoben werden, indem die Teilnehmenden mit Handpuppen arbeiten. Sie agieren zwar selbst, können die Verantwortung und Belastung aber an die Handpuppen delegieren.

Partner– und Gruppenarbeiten

Die Vorteile:

- Die eigenständige Erarbeitung von Lerninhalten oder Ergebnissen im Rahmen eines Workshops erhöht die Motivation der Teilnehmenden.

- Die Teilnehmenden assistieren einander und gleichen Fähigkeiten aus.

Die Nachteile:

- Bei der Einteilung in Gruppen oder Paare muss bedacht werden, ob homogene oder inhomogene Gruppen nach Leistungsfähigkeit erwünscht sind.

- Die Ressourcen für Assistenz durch TrainerInnen von Gruppen oder Paaren sind meist beschränkt.

Die Aufgabenstellung muss den Fähigkeiten der Gruppen / Paare angepasst sein und das Verständnis der Aufgabe muss penibel überprüft werden.

Lernspiele

Die bekanntere Variante, Lerninhalte in die Form von Brettspielen (Würfel– und/oder Quizspiele) zu bringen, ist aufgrund der fehlenden kognitiven Fähigkeiten meist nicht zielführend.

Zum Training von Handlungsabläufen sind Spiele jedoch sehr gut geeignet. Ihr Schwierigkeitsgrad kann je nach Lernerfolg gesteigert werden. Ist eine Gruppe sehr inhomogen, sind Kooperationsspiele allen Formen des Wettbewerbs vorzuziehen.

Abschluss eines Seminars

Vor allem bei mehrtägigen Veranstaltungen ist es notwendig, den Teilnehmenden ausreichend Zeit für die Verabschiedung einzuräumen. Sehr oft ist die Abreise sehr emotional und mit Tränen verbunden.

Über ein gemeinsames Abschlussfoto, das allen Teilnehmenden nachträglich (mit einem Fotoprotokoll des Seminars) zugeschickt wird, freuen sich im Normalfall alle Teilnehmenden sehr.

Bei Feedbackrunden besteht das Problem, dass Menschen mit Lernbehinderung mit Kritik sehr zurückhaltend sind. Die Vielfalt an Eindrücken ist meist auch zu groß, um daraus ein Fazit zu bilden. Bei klassischen Blitzlicht-Runden wird das Ergebnis für die/den TrainerIn eher dürftig ausfallen.

Dennoch gibt es Möglichkeiten, Feedback-Runden durchzuführen.

Smiley-Karten

Material / Vorbereitung: auf einer entsprechenden Anzahl von Pinnkarten wird auf eine Seite ein strahlendes Smiley, auf die andere ein weinendes

Smiley gezeichnet.

Durchführung: Die Teilnehmenden werden aufgefordert, auf die positive Seite all das zu schreiben/ zeichnen, was ihnen besonders gut gefallen hat. Auf die negative Seite soll geschrieben/ gezeichnet werden, was nicht gut war.

Abschlusszeichnung

Wenn das Seminar bereits mit einer Zeichnung begonnen wurde, kann es auch mit einer Zeichnung beendet werden.

Variante A: Alle Teilnehmenden machen jeweils eine eigene Zeichnung, auf der sie festhalten, was sie gelernt haben.

Variante B: Alle Teilnehmenden gestalten eine gemeinsame Zeichnung / eine Collage, zu der auch die hergestellten Materialien (Flipcharts, Kärtchen,…) verwendet werden können.

„Hier stehe ich heute"

Gemeinsam mit den Teilnehmenden wird ein letztes Mal der Ablauf des Seminars anhand der an der Wand hängenden Flipchartbögen besprochen.

Anschließend haben die Teilnehmenden Zeit, miteinander ohne TrainerIn die einzelnen Teile des

Seminars zu besprechen.

Dann werden sie aufgefordert, sich zu jenem Flip-chart zu stellen, dessen Inhalt für sie selbst am wichtigsten war. Alle TeilnehmerInnen erläutern, warum sie dort stehen.

Probleme und zusätzliche Aspekte

Der Ablauf eines „typischen", allerdings fiktiven Seminartages:

Das Seminar sollte um 9 Uhr beginnen. Die Hälfte der Teilnehmenden fehlt.

Der überwiegende Teil von Seminarteilnehmenden reist nicht alleine zum Seminarort an, sondern wird von MitarbeiterInnen von Dienstleistungseinrichtungen gebracht. Der Einsatz von MitarbeiterInnen in diesen Einrichtungen für Transporte ist allerdings im normalen Dienstplan nicht vorgesehen. Verspätungen sind daher ebenso üblich wie viel zu früh anwesende Teilnehmende.

Das gleich Problem ergibt sich am Ende des Seminars: Einige Teilnehmende werden zu früh, andere sehr spät abgeholt.

Ein Zivildiener und zwei Betreuer sind als Begleitpersonen dabei.

Die Rolle dieser zusätzlichen Personen muss möglichst frühzeitig – eventuell im Vorlauf zum Seminar – geklärt werden.

Sie können eine wichtige Rolle bei Kommunikationsproblemen spielen. Sie können auch die Möglichkeiten der individuellen Betreuung im Lernprozess erweitern, indem sie Teilnehmende und oder Trainerinnen unterstützen.

Du – Sie?

Erst langsam beginnt sich auch bei erwachsenen Menschen mit Lernbehinderung das „Sie" durchzusetzen. Häufig wird aber jeder und jede geduzt, auch von den Begleitpersonen.

Als „fremde/r" TrainerIn sollten zunächst unbedingt alle Personen mit „Sie" angesprochen werden, um dem Prinzip der Normalisierung gerecht zu werden.

Die Gruppe ist extrem inhomogen.

Ist ein Seminar einfach nur für Menschen mit Lernbehinderung angekündigt ohne besondere Kenntnisse oder Fähigkeiten als Voraussetzung zu nennen, dann ist die Gruppe fast immer sehr inhomogen.

Selbst wenn bestimmte Fähigkeiten schon in der Seminarausschreibung verlangt werden, sind sie häufig dennoch nicht vorhanden.

Umso wichtiger ist es, auf sehr kleine Gruppengrößen zu achten und eventuell für unterschiedliche Lernschritte mehrere Methoden vorzubereiten, die je nach Fähigkeiten und Interessen erst in der Situation ausgewählt werden.

Ein Teilnehmer spricht sehr unverständlich.

Die Kommunikationsfähigkeit der Trainerin / des Trainers wird nirgends so gefordert sein wie in Seminaren für Menschen mit Lernbehinderung.

Die Einschränkungen der Kommunikationsfähigkeit sind sehr vielfältig und reichen von undeutlicher Aussprache über einen eingeschränkten Wortschatz bis hin zum Fehlen lautsprachlicher Ausdrucksmöglichkeiten.

Kommunikationsprobleme sollten nicht negiert, sondern aus- und angesprochen werden. Es bringt im Hinblick auf einen Lernerfolg nichts, so zu tun, als wäre alles problemlos verständlich. Vernünftiger ist es, klar zu sagen: „Ich habe Probleme, Sie zu verstehen."

Es ist durchaus möglich, dass sich unter den Teilnehmenden ein/e „Dolmet-scherIn" findet.

Eine Lösung ist auch, andere Kommunikationswege als die gesprochene Sprache zu suchen, etwa Gestik und Mimik eine höhere Bedeutung als üblich zuzusprechen.

Möglichkeiten der „unterstützen Kommunikation" – von Gebärde bis zum Einsatz von Computertechnik – können erlernt werden.

Eine mittlerweile oft erprobte und durchaus erfolgreiche Seminar-Variante sind integrative Seminare für Menschen mit und ohne Behinderung. Um als TrainerIn darin erfolgreich zu sein, bedarf es sehr viel Erfahrung in unterschiedlichen Seminargruppen. Daher wird an dieser Stelle nicht näher darauf eingegangen.

Weiterführende Informationen

Die nachfolgenden Listen sind bei weitem nicht vollständig. Sie sollen lediglich einen groben Überblick bieten, um weitere selbständige Recherchen zu erleichtern.

Literatur

- Das Normalisierungsprinzip — eine Einführung. Walter Thimm. Kleine Schriftenreihe Band 5. Lebenshilfe-Verlag, Marburg 1995.

- Das Normalisierungsprinzip und eine konzeptuelle Weiterentwicklung durch Wolfensberger und Thimm. Patrick Schickedanz. Verlag für akademische Texte, München und Ravensburg, 2008.

- Inklusive Erwachsenenbildung für Menschen mit geistiger Behinderung: Ein Handlungskonzept zur gemeinsamen Erwachsenenbildung von Menschen mit und ohne Behinderung. Maren Wißing. VDM Verlag Dr. Müller, 2010.

- ErwachsenenbildnerInnen für Menschen mit geistiger Behinderung: Kompetenzen der ErwachsenenbildnerInnen für Menschen mit geistiger Behinderung Eine qualitative Studie in ausgewählten Bildungsinstitutionen. Nicole

Scheibenreiter. VDM Verlag Dr. Müller, 2010.

- Wir wollen - wir lernen - wir können!: Erwachsenenbildung, Inklusion, Empowerment. Hg: Gerhard Heß, Gaby Kagemann-Harnack, Werner Schlummer. Lebenshilfe-Verlag, Marburg 2008.

- Lexikon. Wissenswertes zur Erwachsenenbildung unter besonderer Berücksichtigung von geistiger Behinderung. Hg.: Gesellschaft Erwachsenenbildung und Behinderung e.V. Luchterhand, Neuwied, Kriftel, Berlin, 1998.

- Sag es einfach. Europäische Richtlinien für leichte Lesbarkeit. Hg.: Europäische Vereinigung der ILSMH. Brüssel 1998. kostenloser Download: http://www.inclusion-europe.org/publications.htm

- Handbuch Lernen und Lernbehinderungen: Lernkonzepte, Lernprobleme, neue Lernformen. Hg: Hans Eberwein. Beltz Verlag Weinheim und Basel, 1996.

- Normal bin ich nicht behindert. Wirklichkeitskonstruktionen bei Menschen, die behindert werden. Unterschiede, die Welten machen. Winfried Palmowski, Matthias Heuwinkel. Borgmann, Dortmund 2000.

- Die Gesellschaft der Behinderer. Das Buch zur Aktion Grundgesetz. Hg.: Frank Strickstrock. Rowohlt, Hamburg 1997.

- So seh' ich meine Welt. Frauen mit geistiger Behinderung tauschen sich aus. Rosemarie Czarski, Irmgard Granrath, Christine Karches, Chistiane Kniel-Jorka. Lebenshilfe-Verlag. Marburg 1999.

- Ins Leben gestemmt. Georg Paulmichl. Haymon Verlag, Innsbruck-Wien, 1990

Informationen im Internet

- www.inclusion-europe.org: Inlcusion Europe ist eine Vereinigung von Verbänden, die sich mit Inklusion von Menschen mit Lernberhinderung auseinander setzen.

- www.lebenshilfe.de: Bundesvereinigung Lebenshilfe für Menschen mit geistiger Behinderung e.V. In Deutschland

- www.lebenshilfe.at: Die größte Interessenvertretung für „Menschen mit intellektuellen Beeinträchtigungen" in Österreich

- www.viennapeoplefirst-gaw.at: Eine Selbstvertretungsgruppe von Menschen mit Lernbehinderungen, die überwiegend Einrichtungen von Jugend am Werk besuchen.

- www.insieme.ch: Die Dachorganisation für Elternvereine für Menschen mit einer geistigen Behinderung in der Schweiz.

Ausbildungsmöglichkeiten

- Insitut InForm: Das Fortbildungsinstitut der Lebenshilfe Deutschland bietet eine Reihe von Seminaren zur Erwachsenenbildung für Menschen mit Lernbehinderungen. www.lebenshilfe.de

- alphanova-Akademie: Bietet einerseits integrative Seminare für Menschen mit Lernbehinderung, andererseits auch Methodenseminare für TrainerInnen. http://akademie.alphanova.at

- Bildungs– und Heimatwerk Niederösterreich: führt immer wieder Projekte und Veranstaltungen zu barrierefreier Erwachsenenbildung durch. www.bhw-n.eu

- biv - die Akademie für integrative Bildung: bietet Seminare zu Spezialbereichen der inklusiven Erwachsenenbildung. www.biv-integrativ.at

Kontakt:

Birgit Primig - Training & Public Relations

T: 0043 (0) 699 / 115 00 462

E: info@birgit-primig.at

I: www.birgit-primig.at